INVENTAIRE
X 25801 bis

MÉTHODE

DE LECTURE

DES SONS ET ARTICULATIONS

PAR GOUVERNE,

INSTITUTEUR À LA GRANGE-AUX-BOIS.

AF724419

SAINTE-MÉNEHOULD,
TYPOGRAPHIE DUVAL-POIGNÉE.
1868.

X

DÉPOT LÉGAL
Marne
N° 94
1868

MÉTHODE
DE LECTURE
PAR SONS ET ARTICULATIONS

PAR GOUVERNE,
INSTITUTEUR A LA GRANGE-AUX-BOIS.

BIBLIOTHÈQUE IMPÉRIALE
IMPR.

SAINTE-MÉNEHOULD,
TYPOGRAPHIE DUVAL-POIGNÉE.

1868.

X
(C.)
5801 bis

MÉTHODE DE LECTURE.

1re PARTIE. — Des Syllabes composées à l'aide des articulations et des sons simples.

2e PARTIE. — Des Syllabes composées à l'aide des articulations et des sons composés.

3e PARTIE. — Des Syllabes composées à l'aide des sons simples et des articulations.

4e PARTIE. — Des Syllabes composées à l'aide des sons composés et des articulations.

5e PARTIE. — Exceptions.

RÉCAPITULATION.

PREMIÈRE PARTIE.

a é i o u

a é è ê e i î y o ô u û ù

s r f p

sa sé sê si sy so su se sé

ra ré rê ri rî ry ro ru re rè

ſa ſé ſê ſi ſo ſu ſe ſè ſô ſû

pa pé pê pi po pu pe pô pâ

fa si ru pa so ſe su sy po pi ri se

ra ſu pé sé ſê pe re ro ſo sa pu ré

fi ssu ssé ssa rré ppé ppe

pa–pa. sa–ra. pi–pe. ra–re. sa–pe. fo–ré. pu–re. râ–pé. pa–ré. ri–re. so–fa. pa-ri. si-re. ro-sse. sû-re. pa-ssé. fo–ssé. a–re. è–re. po–re. pa-ssy. ru–sse.

---

pa–ri–a. pa-ru–re. fé–ri-é. a-ssu–ré. sé–pa-ré. a–é-ré. ra–ré-fi-é. é-pi-é. re–pa–ssé. ré–pa-ré. é–pu-ré. pa–pa fe–ra rire. pa-pa a ré–pa–ré sa pi-pe. sa–ra fe–ra sa pa–ru-re.

---

t c g

ta té ti ty to tu tô te tê

ca co cô câ cû cu

ga go gu gâ gô gû

ta ty co gu ga ca te cu té gô tte.

---

ca-ſé. gâ-té. ſê-te. si-te. cu-ré. rô-ti. pâ-té. ga-re. é-té. co-co. ô-té. cô-té. ſa-go*t*. tâ-té. ca-pe. tê-te. ca-rré. co-pi*e*. co-tte. ca-ssé. ta-pi*s*. ta-sse. re-po*s*. repa*s*. pa-ri*s*. si-ro*p*.

ſi-gu-re. ca-ra-ſe. cu-i-te. ſu-tu-re. su-i-te. pi-ra-te. pi-é-té. ca-po-te. é-ga-ré. ra-re–té. sû–re–té. fa-go–té, o-pé–ré. ga–rro–tté. ca–ro–sse. é-co-pe. ca–ro– tte. pâ-tu–re. re–pa-ssé. ré-fu-té. fi–ga-ro. é-cu-ri*e*. si-ro*p*. re-po*s*. re-pa*s*. pa-ri*s*. capo*t*. ta–pi*s*. ta–ffe–ta*s*. ra–ta-fi-a. pu–re–té.

---

j l m n

ja jo ju ji j'y je jé

la lo lu li le lé lô la l'y

ma mo mu mi me mê m'y

na no nu ni ne nê nè n'y

---

ja lu me ni jo j'y le mi me

ne pu

ju la m'y mu né je ji li mo nu n'y

jé lo ma no jê l'a mê na lle mma nne

---

jo-li. ra-mé. me-né. se-mé. lu-ne. li-re. lo-to. ga-le. cô-ne. mu-le. mê-lé. a-mi. u-ne. é-pi. ty-pe. ſa-né. é-mu. je-té. u-ni. ſi-ni. ju-ré. sé-né. â-me. ma-ri. no-te. ju-pe. mû-ri. la-me. pu-ni. ſu-mé. ſi-ne. li-me. sa-lé. mu-ni. ri-me. â-ne. po-li. co-lle. ga-mme. ſo-lle, a-nnée. molle. se-mis. ma-rée. ga-lop. mot. si-rop. a-mas. é-tat.

---

a-lè-ne. a-mè-re. ra-me-né. re-je-té. i-mi-té. u-ti-le. mo-ra-le. fa-ri-ne. lé-gu-me. nu-mé-ro. jé-rô-me. sa-li-ne. pa-ro-le. sa-lu-é. a-ni-mé. ma-ri-ne. pi-a-no. fu-i-te. ré-ga-lé. re-cu-lé. no-é-mi. si-rè-ne. é-mi-le. ga-lo-pé. jé-ré-mie. é-co-le. u-ni-té. fa-mi-ne. ré-u-ni. ra-ma-ssé. ru-mi-né. na-tu-ré. ga-lè-re. ja-ppé. fila-tu-re. ré-a-li-té. é-ga-li-té. li-ga-tu-re. fa-ta-li-té. pa-no-ra-ma. ca-ro-li-ne. ſé-cu-le.

---

la ſa-ri-ne pu-re. le rô-ti sa-lé. le jo-li ca-na-pé. u-ne fi-gu-re sa-le. la na-tu-re pa-ré*e*, le lé-gu-me ra-re. la pa-ro-le a-ni-mé*e*. la ſê-te a é-té gâ-té*e*. la ca-ra-fe a ca-ssé. la lu-ne pâ-le. u-ne li-me fi-ne. sa co-lè-re pa-ssé*e*. l'é-pi mû-ri. le re-pa*s* fini. la ju-pe re-pa-ssé*e*. la jo-li*e* fi–gu–re. la ca-ro–tte a–mè–re. u-ne pe-ti-te ri-go-le. la no-te fi-nale. u-ne pa-ro-le a-mi-ca-le. le cô-té po-li. u-ne a-mi-ti-é é-ga-le. la cu-lo-tte râ-pé*e*. le sa-lu*t* a-ssu-ré.

---

pa-pa a ca-ssé sa pi-pe. ju-le*s* a tu-é u-ne pi*e*. jé-rô-me fe-ra u-ne ri-go-le. a-na-to-le i-ra à la fê-te. ré-né li-ra la mo-ra-le. je ra-mè-ne l'â-ne à l'é-cu-ri*e*. ma mè-re a ca-ssé sa ta-sse à ca-fé. la lu-ne m'a pa-ru pâ-le. l'a-nnée pa-ssée a é-té u-ti-le à ma ca-rriè-re. é-mi-le i-ra à la ca-pi-ta-le. la pe-ti-te mé-la-nie i-ra à l'é-co-le. ca-ro-li-ne a fi-lé sa pe-lo-te. ma-rie a u-ne jo-lie fi-gu-re. ju-li-a ré-pé-ta la ri-me. le pi-lo-te a fu-mé sa pi-pe. jé-ré-mie fe-ra ri-re. ma-ri-a a sa-li sa ju-pe. ma-ri-a-nne a fi-lé u-ne mi-nu-te. la fa-mi-ne a ru-i-né ta mè-re. ju-les a ti-ré le nu-mé-ro. ju-li*e* a fa-né l'é-té pa-ssé. ni-co-la*s* a sa-li le jo-li ca-na-pé. a-na-to-le a gâ-té ma pa-ru-re. u-ly-sse a ré-u-ni la co-lo-ni*e*.

---

v x z

va vo vu vi vé vê ve

za zo zu zi zé ze

xa xo xi xu xe xé

va zo xi xa zu vê vi ze vô

xe zi vu xé za ve zè.

---

pa-vé. zé-ro. vê-tu. fi-xé.

ga-ze. ra-vi. vo-lé. zè-le.
a-xe. vo-té. zo-ne. sa-xe.
rê-ve. la-vé. va-lu. ri-ve.
ra-ve. zè-le. vi-te. ta-xe.
sè-ve. ca-ve. zo-é. zé-li*e*.
è-ve. zé-ma.

---

ri-va–le. a–zu–ré. so–li-ve.
vo–lu-me. a–zo-te. vé–ri–té.
sé–vè-re. mé–lè–ze. sa-li-ve.
a–zé–li–ne. é–lè–ve. fa–vo-
ri-te. a-ma-zo–ne. to-pa–ze.
ca-va-le. la-za-re. ja–ve-lo*t*.
ma–xi–me. fi–xi–té.

---

u–ne pa-ro–le sé–vè-re. ré–né a vu la lu–ne. jé-rô-me i–ra à la vi–lle. va-lè-re fe-ra li-re. la–za–re a ti–ré le nu-mé–ro zé–ro. sa–ra la-ve à la ri-vi–è–re. zé–lie a vu la lu–mi–è-re. a–zé–li-ne a re–pa-ssé le tu–lle. ju–les a vu u–ne jo–lie a-ma–zo-ne. jé–ré-mie a fi–xé la ta-xe. a–na-to-le a vu la sa-xe. le pi–lo–te a é–ga-ré le na-vi-re. ca–ro-li–ne a la-vé le pa–vé. jé–rô-me a vu la co–mè-te. zo-é a u–ne ju–

pe fi-ne. ni-co-la*s* a je-té la ra-me à la ri-vi-è-re. ma-xi-me i-mi-te-ra sa mè-re. é-mi-le li-ra vi-te. la pe-ti-te li-na va à l'é-co-le. le pe-ti*t* ré-né a é-té pu-ni. le pi-lo-te a pé-ri. la lu-ne m'a pa-ru pâ-le. ma ri-va-le a é-té *h*o-no-ré*e*. la vé-ri-té a é-té ré-vé-lé*e*.

---

k b d

ki ka bo bu da dé di do du de

be ba bê dy by

mo–ka. ki–lo. mi–di. bi–le. bê–te. juda. ba–ttu. ba–llé. ka–by–le. ba–di–né. bo-bi–ne. mo-bi-le. do-mi–no. sa–la-de. ca-na–da. bo–tti–ne. ca–ma–ra–de. *h*a-bi-le.

---

ju-le*s* a ba-ttu é-mi-le. a-mé-dé*e* a bu u–ne ta–sse de ca-fé mo–ka. a–dè–le a u–ne ro–be de ga–ze fi-ne. pa–pa bâ-ti–ra u-ne ca-ba–ne. l'â–ne tê-tu a é–té ba-ttu. la ta-xe du ta-ba*c* a é-té vo-té*e*. le lu-xe de la pa-ru-re a é-té di-mi-nu-é. le lé-gu-me fa-de fe-ra ma-la-de. ma-xi-me a fu-mé le ki-lo de ta-bac. zo-é a sa-li sa ro-be de ga-ze. ju-les é-tu-die à l'é-co-le. tu i-mi-te-ras la pi-é-té de ta mè-re. je dî-ne sa-me-di à la vi-lle. sa mè-re lui fe-ra di-re la vé-ri-té. la cô-te se-ra a-ba-ttue. jé-rô-me a dé-vo-ré le rô-ti. le ma-la-de se lè-ve-ra à mi-di. ma-ri-a-nne dé-vi-de-ra sa bo-bi-ne. é-mi-le a gâ-té le jo-li ca-na-pé de pa-pa. la ma-la-de a a-va-lé la pi-lu-le. le pe-ti*t* ju-le*s* a ca-ssé le sa-bo*t* d'é-mi-le. a-a-mé-dé*e* ré-pé-te-ra la ri-me. pa-pa *h*a-bi-te-ra la vi-lle de pa-ri*s*. le ka-by-le a tu-é u-ne vi-pè-re. ba-zi-le a u-ne jo-li*e* pé-pi-ni-è-re. ca-ro-li-ne a dé-bi-té u-ne bo-tte de pe-ti*ts* ra-di*s*. le mâ*t* du na-vi-re a é-té mu-ti-lé. ro-me a dé-jà é-té la ca-pi-ta-le de l'i-ta-li*e*.

ch ph gn qu

cha ché chi cho chu che
pha phé phi pho phu phe
gna gne gni gno gnu gné
qua que qui quo qué

---

le chê–ne. le cha*t*. u–ne vi-gne. la ru–che. le ri–che. la chu-te. u–ne li-gne. le pha-re. la quê–te. u–ne pi–que. la co–gné*e*. u–ne va–che. la pâ–que. u–ne to–que. le ba–gne. la pê-che. le pho–que. so–phi*e*. phi-lo–mè–ne. é–qui–té. la cha–ri–té. u–ne si-gna-tu-re. la qua-li-té. co-lo-gne. phé-no-mè-ne. phi-lo-mè-le.

---

la va-ni-té ri-di-cu-le a é-té si-gna-lé*e*. la ta-xe a é-té si-gné*e*. ma vi-gne a *eu* la ma-la-di*e* l'a-nné*e* pa-ssé*e*. la cha-ri-té du di-gne cu-ré. la pê-che à la li-gne m'a o-ccu-pé. la va-che a dé-vo-ré la vi-gne de pa-pa. la cha-tte a tu-é le ra*t*. jé-rô-me a tu-é la vi-pè-re qui a pi-qué phi-lo-mè-ne.

la pe-ti-te so-phie i-ra à l'é-co-le à pâ-ques. ma-xi-me i-gno-re la vé-ri-té. le pi-lo-te a ga-gné la ri-ve de l'a-ma-zo-ne. phi-li-ppe a u-ne ba-lle de go-mme. zé-phi-re a ca-ché sa li-gne de pê-che. zo-é a ro-gné sa che-ve-lu-re. le ki-lo de ca-fé mo-ka a é-té mê-lé de chi-co-rée

---

l'a-mi va-lè-re a é-té a-tta-qué d'u-ne ru-de ma-la-die. le ca-ma-ra-de de ju-les a é-té pu-ni à l'é-co-le. u-ne va-che a gâ-té ma vi-gne. zo-é a a-che-té u-ne pa-ru-re de fê-te sa-me-di à la vi-lle. le pè-re jé-rô-me a a-ba-ttu de sa co-gnée le chê-ne de la cô-te. la sa-la-de fe-ra l'u-ni-que re-pas de ta mè-re. ca-ro-li-ne a ta-qui-né la pe-ti-te so-phie. phi-lo-mè-ne a dé-chi-ré sa ro-be de ga-ze. la lu-mi-è-re de la lu-ne a pu me su-ffi-re. ju-lie a-chè-te-ra u-ne ro-be de ca-li-co*t*. pa-pa va à la cha-sse à la bé-ca-ssi-ne. la ſa-mi-ne a du-ré u-ne a-nné*e*. ju-le*s* a dé-ni-ché u-ne pe-ti-te li-no-tte. u-ne da-me ri-che a *e*u pi-ti-é de ta mè-re ma-la-de. la pe-ti-te ma-ri*e* a dé-vi-dé la pe-lo-te. a-dè-le a la-vé sa ju-pe de ca-li-co*t*. ni-co-la*s* a *h*é-ri-té de la ca-ra-bi-ne de pa-pa. cha-que fi-dè-le a-do-re la di-vi-ni-té. é-mi-le a u-ne jo-li*e* fi-gu-re. pa-pa a u-ne épée ma–gni–fi–que. le vo-lu–me de la ma–ri–ne que pa–pa a ra–me–née a é–té é–va–lu–é. le pe–tit jé–ré-mie qui a ſu–mé a é–té ma-la–de. pa–pa me pu–ni–ra si je lu–i ca–che la vé–ri–té. la pe–ti–te no–é–mi a la fi-gu–re ma-li-gne. la ta-xe a é-té a-bo-lie. la fa-mi-ne a ru-i-né ma chè-re mè-re. phi-li-ppe a dé-mo-li sa ca-ba-ne. u-ne co-lli-ne é-le-vée do-mi-ne la vi-lle.

cra cré cre cri cru cro

pra pre pré pri pru pro

tra tré tri tro tru tre

fra fré fri fro fru fre

gra gré gri gre gro gru

bra brè bri bro bru bre

dra dré dri dro dru dre

vra vré vri vro vru vre

cla clé cli clo clu clè

fla flé fli flo flu fle

pla ple plé pli plo plu

gla glé gli glo glu gle

bla blé ble bli blu blo

---

du blé. le glo-be. le li-vre.

du trè-fle. u-ne plu-me. la clo-che. le prê-tre. la pru-ne. u-ne bri-de. la ta-ble. u-ne flè-che. de la crê-me. le frè-re. le blâ-me. le frê-ne. la fla-mme. la fi-è-vre. le cri-me. la pla-que. du plâ-tre. la brè-che. la clô-tu-re. la grê-le. u-ne rè-gle. l'a-fri-que. le bu-ffle. la glu. u-ne grue. le ti-gre. u-ne gla-ne. du su-cre. de la bri-que. la bi-ble. u-ne gra-ppe. le gra-mme. u-ne bro-che.

u–ne bro-sse. la flo-tte. le câ-ble. la bru-me. u–ne bro-sse. le sa–bre. du sa–ble. la cri–ti–que. l'i–vro–gne. le mi–ra–cle. le té–lé–gra–phe. l'o–ra–cle. la tri–ni–té. l'é–qui–li–bre. le pa–ra–gra–phe. u–ne cri–no–li–ne. la ru-bri-que. là pra–ti–que. le pla–ti-ne. u-ne a-gra-fe. la fla–tte–rie.

---

la flè-che de la cha-rru*e* a flé–chi. le blé a crû vi–te.

a-dè-le li-ra la bi-ble. je plu-me la gri-ve que pa-pa a tu-é*e*. la bri-que du pa-vé se-ra fro-tté*e*. cla-ra a bro-ssé sa ro-be. la pe-ti-te flo-re a gla-né du blé. l'é-ta-ble de la chè-vre a é-té brû-lé*e*. no-tre cha*t* a é-gra-ti-gné ju-li*e*. la grê-le a ca-ssé u-ne vi-tre de la fe-nê-tre. la cha-tte a cro-qué no-tre fri-tu-re. ni-co-la*s* a dé-chi-ré sa cra-va-te. zo-é a brû-lé sa cri-no-li-ne. ta mè-re a a-che-té qua-tre ki-lo-gra-mmes de ré-gli-sse. phi-li-ppe a dé-fri-ché qua-tre a-res de trè-fle. ca-ro-li-ne a pris le ca-fé su-cré. so-phie a eu le bras fra-ca-ssé. la-za-re ga-gne-ra le prix. je gra-ve u-ne pla-que de cu-i-vre. a-na-to-le a fa-bri-qué de la tu-i-le. ju-les a dé-chi-ré le li-vre d'a-me-dée. le li-vre de za-ï-re se-ra pro-pre. la plu-ie a dé-gra-dé no-tre cré-pi de plâ-tre. la bru-me a é-ga-ré la flo-tte. le blé a é-té se-mé trop dru. thé-o-phi-le a a-che-té le pa-le-tot de drap gris. l'i-vro-gne a ta-ché sa cra-va-te. a-gla-é fe-ra sa rè-gle à mi-di. so-cra-te a pro-cla-mé la ré-pu-bli-que. le pâ-tre a ra-me-né no-tre va-che. la pe-ti-te cla-ra a dû é-cri-re à sa mè-re à l'é-po-que de sa fê-te. phi-li-ppe a gra-vé lu-i mê-me la su-bli-me é-pi-ta-phe. le pa-pe a si-gné la bu-lle. la pe-ti-te flo-re a ca-ssé

le glo-be de la che-mi-née.
é-mi-le a ti-ré la clo-che de l'é–co–le.

DEUXIÈME PARTIE.

---

o ô au aux eau eaux
eu eux œu œux
où ou oux
oi oix
è ai ei et est ez eh
an am en em
on om eon
in im ym yn ain ein
un um eun

---

fo pau taux beau eaux
eau gau reau veau maux
feu jeux vœu peu reux

pou roux tou sou gou choux roi loi toi soi choix voix poix noix lai pei net n'est nez n'ai chez fai*t* mai rai rei pan ten lem lam ram tam sen dan ton son rom mon l'on l'un l'in fin rin lim pain sein fein syn tym faim.

---

le jeu. la pau-me. du feu. le che-veu. un sou. ù-ne poi-re. u-ne pom-me. un ty-ran. u-ne lam-pe. un fou. un ja-loux. du pain. la faim. le cou-cou. la peine. la fen-te. la dan-se. lundi. du vin. au-cun. chacun. de la lai-ne. la voix. de la poix. la sou-pe. la bou-che. du co-ton. un man-teau. u-ne man-te. le mai-re. le nez. le fi-let. la fo-rê*t*. la rei-ne. le canon. le pi-gnon. u-ne quinte. la quin-zai-ne. la main. u-ne vei-ne. le tym-pan. lim-be. sim-ple. fein-te. la sei-ne. u-n pei-gne. la toi-le. u-ne ten-te. ma tan-te. le tem-ple.

---

di-eu a cré-é le mon-de. mon ne-veu fe-ra du feu. la meu-le du mou-lin est tom-bé*e*. la tau-pe a cou-pé no*s* choux. le pin-son a chan-té au ma-tin dan*s* la fo-rê*t*. mon en-cre est trè*s*-noi-re. la vi-gne re-cou-vre no*s* co-teaux. l'eau a gâ-té mon cha-peau de feu-tre. le ven*t* a en-le-vé beau-cou*p* de ra-meaux de sapin. l'œu-vre du pein-tre est ra-vi-ssan-te. ma-man me fe-ra un beau pan-ta-lon de sa-tin. zo-é se fe-ra un ju-pon de co-ton-na-de. pa-pa a a-che-té un ton-neau de vin doux. la co-que de la noix est a-mè-re. le tem-ple du *h*a-meau est rem-pli de mon-de. j'ai lu u-ne rè-gle de syn-ta-xe. la chaî-ne du pu-i*ts* est ca-ssé*e*. le vin de cham-pa-gne est a-gré-a-ble à boi-re. un jeu-ne a-gneau bu-vai*t* dans le cou-ran*t* d'u-ne on-de pu-re; un lou*p* qui é-tai*t* à jeun le ren-con-tra, le pri*t* et le cro-qua au fon*d* de la fo-rê*t*. le pa-pe de-meu-ra pen-dan*t* long-tem*ps* en la vi-lle d'a-vi-gnon.

---

le vai-sseau a mi*s* à l'an-cre. ju-le*s* a ré-pan-du l'en-cre dan*s* son li-vre. l'i-vro-gne a bu tro*p* de vin. un bon en-fan*t* o-bé-i*t* à sa mè-re. di-eu le ré-compen-se-ra. la bon-ne pe-ti-te ju-lie dit cha-que ma-tin sa pri-è-re au bon di-eu. l'en-fant cha-ri-ta-ble don-ne son pain aux pau-vres. la vi-gne de pa-pa a pro-du-it beau-coup de bon vin l'a-nnée pa-ssée. le jam-bon sa-lé et sé-ché a é-té fu-mé à la che-mi-née. au-cun so-in ne m'in-qui-è-te. l'ou-ra-gan a dé-gra-dé le châ-teau. la grê-le a gâ-té la vi-gne du co-teau. l'en-ve-lo-ppe du ba-llon a cre–vé. la bom–be a é–cla–té sou–dai–ne–ment. thé-o-phi-le a ga-gné u-ne mon-tre. le loup a dé-vo-ré un a-gneau. pa-taud est mon plus fi-dè-le com-pa-gnon. la va-che nous don-ne son lait, la bre-bis sa lai-ne. l'eau de la fon-tai-ne est lim-pide. le pe-tit phi-li-ppe a pris un nid de fau-vet-tes. é–mi–le a sai-gné du nez. jé-ré-mie a en-ten-du le ca-non dans le loin-tain. le li-vre de ma–man est dé–chi–ré. la fa-mi-ne a du-ré peu. *th*é-o-phi-le a ou-bli-é son li-vre chez eux. j'ai en-ten-du la clo-chet-te de l'é-co-le. le maî-tre d'*h*ô-tel a tu-é un cha-pon. le ven*t* a rou-lé mon cha-peau dan*s* le ru-i-sseau. la cou-leu-vre se ca-che sou*s* la mou-sse. la ro-be de cla-ri-sse est tou-te ta-ché*e*. la ré–pon-se de l'o-ra-cle m'a é-té fa-ta-le. la ré-pli-que de mon a-vo-ca*t* m'a é-té fa-vo-ra-ble. on a pê–ché un pho–que à l'em–bou–chu–re de la sei–ne. le pu–tois a pris un pou–let dans l'é–ta–ble. la moi–sson a é–té a–bon–dan–te. a–gla–é a dé–vi–dé u–ne pe–lo–te de co–ton. cla-ra a gla-né du blé dans no–tre champ. o–lym–pe a brû-lé sa ro-be de soie. j'ai ga-gné un jo-li cou-teau à la lo–te–rie. di-man-che j'é–cri–rai u–ne let–tre à mon on–cle. pa–pa a me–né du blé au mou–lin. a–dè–le a soi-gné ma mè-re ma-la-de. ma tâ-che est pé-ni-ble. ma-man a é-le-vé un gros chat an-go-ra. la cla-sse n'est pas trop sai-ne. le pe-tit a-chi-lle a fait de ra-pi-des pro-grès à l'é-co-le. do-mi-ni-que a fau-ché son pré. u-ne é-toi-le a pa-ru au-de-ssus de l'ho-ri-zon. la tem-pê-te a sou-le-vé le sa-ble de l'a-fri-que. l'au-mô-ne est u-ne œu-vre cha-ri-ta-ble. la fou-dre a é-cla-té au-de-ssus de nou*s*. pau-li-ne chan-te-ra un can-ti-que à ma-ri*e*. mon fi*ls*, ai-mez vo-tre pro-chain com-me vou*s* mê-me. la fou-dre a brû-lé le mou-lin à ven*t*. le ri-che et le pau-vre son*t* é-gaux de-van*t* di-eu.

---

lou lau leu loi lan lei lin lon

lai lun lan lam lein leau

rau rou reux roi ran rai ren

rei run rin rein ram rom
rem

---

crau creux froi pron gran
vrai tren
crin frein cram trom trem
clau clou fleu gloi plan
plei plin
blon flam bleau clai plein
plen
crou plan fleu crin gran
croi
gloi glon pren plein bleau
cram

ploi crain plain flan tron train

clou cram vrai glan brin droi drai

flam trom blon prein grain prai

---

le trou-peau. la gloi-re. du crin. la plai-ne. le fleu-ve. la cram-pe. le bron-ze. u-ne trom-pet-te. le flam-beau. du bleu. le li-brai-re. u-ne plan-te. la plain-te. u-ne bran-che. du cha-grin. un chau-dron. le clai-ron. la prai–rie. l'é–preu–ve. la crain–te. u–ne trom–be. u-ne plan-che. un ta-bleau. le trom-bo-ne. un glou-ton. le sou–ffle. un croû–ton. le prin–tem*ps*. la frau-de. la flan-dre. u–ne croû–te. du plom*b*. u–ne fron-de.

---

le son du clai-ron. le trou-peau de bre-bi*s*. la che-ve-lu–re blan-che de ton on-cle. le glai-ve de la loi. un trou pro-fon*d*. un pla-fon*d* de plâ-tre. u-ne trou-pe de bri-gan*ds*. un gran*d* chau-dron de cu-i-vre. an-dré chan-te-ra au lu-trin. a-gla-é a sa-li sa ro-be blan-che. le li-brai-re a do-ré la tran-che de mon li-vre. le pin-son ré-pè-te son jo-li re-frain. j'ai a-che-té un ba-lai de crin. le sou-fre est d'un fré-quen*t* em-ploi. phi-li-ppe mè-ne son trou-peau aux cham*ps*. le fleu-ve ra-fraî-chi*t* la prai-ri*e*. la crain-te de di-eu m'em-pê-che de com-met-tre u-ne fau–te. le cha–grin nu–it à la san–té. la gaie–té plait. j'ai–me peu la grai-sse. zé–phy–rin com–pren–dra la rè-gle de syn–ta–xe. je chan–te–rai la gloi–re de nos trou–pes hé–ro–ï–ques qui ont vain–cu plus que l'eu–ro–pe en–ti–è–re.

---

le bon di–eu ai–me u–ne com-plè-te droi-tu-re. l'em-pi–re ro–main a é–té dé-mem-bré. la dou-blu-re de ma re-din-go-te est dé-chirée. ton frè–re a grim–pé au som-met de la mon-ta-gne. la fru-ga-li-té pro-cu-re la san–té. j'ai *eu* la cram–pe à la jam–be droi-te. an–dré fen–dra u–ne gro–sse bû–che d'é–ra-ble. que la plai–ne est a-gré-a-ble et ri-che–men*t* em-bla–vé*e* de grain*s*. ma plu-me a trem-pé dan*s* l'en-cre noi–re. la fla–mme a dé-vo–ré la chau–mi–è–re. la cla–sse a é-té é-clai-ré*e* au pé–tro–le. le cha–rron a fen-du u-ne plan-che de bois blanc. l'ai-gle est re-dou-ta-ble.

TROISIÈME PARTIE.

---

ac ap af at as ax al ar
ad ab ass
ir if il is ic ix iss
oc of or ol ob os op ox
oss osse
ur ul uf us uc ub up uss
er err erre el ell elle ec
ef eff effe
es ess esse ex ec er el ef
es ep

---

mal mar car par sac sal
mor por sor sol soc pic

fil vif sur sec nef fer bel pelle chef messe soc bol mol roc terre tir nul suc.

---

un bal-con. la mar-chan-de. la lec–tu–re. un cor–ni–chon. le che-val. un ad-jec-tif. un cor-beau. un mor–tel. u–ne car–tou–che. le ca–rac–tè–re. la cul–bu–te. la bar–be. un or–meau. u–ne cou–ver–tu–re. u-ne mar-mi–te. la val-se. u–ne ré-vol–te. la ré-col-te. u-ne vic–ti–me. u–ne fac–tu–re.

le mo-tif. du su-if. u-ne per-te. du verre. la pes-te. la pa-resse. u-ne chan-delle. du mi-el. un ar-se-nal. le ca-po-ral. un sul-tan. un sur-plis. un mus-ca-din. un ma-ré-chal. un sol-da*t*. le ré-gal. la pos-te. un fes-tin. le car-na-val. un mas-que. l'an-gle-terre. un par-terre.

---

l'a-mi-ral a mon-té sur le vai-sseau. vic-tor a dan-sé au bal. le ma-ré-chal a fer–ré mon che–val blànc. a-lex-an-dre fe–ra la lec–tu-re. al-ber*t* a ca–ssé mon ca-nif. la mor-su-re du ser-pen*t* est mor–telle. la ré–vol-te a é–cla–té sou-dai–ne–men*t*. il y a *e*u beau–cou*p* de vic–ti-me*s*. la pa–resse con–du–i*t* à mal. ton ca–rac–tè–re est bi-zar–re. le ca-po-ral a mon-té la gar-de. au-gus-te est un pa-res–seux. gus–ta–ve est un fa-meux pol–tron. os-car a mi*s* un grain de sel dans sa bou–che. lou–is sup–por–te un ru–de far–deau. es-telle a ré-cu-ré la mar–mi–te. char-les ob-ser-ve-ra la con–si–gne. l'ar-moi-re est plei-ne d'ef–fets. l'ou-ra–gan a dé-vas–té la plai–ne. la clo–chet–te de l'é–co–le nous ap–pelle. fer–di-nand a per–du sa cas-quet–te. le verre est un corps ca-ssant. mon en-clos est très fer–ti–le. la san–té est la ri-chesse la plus en-viée. deux bras forts et vigou-reux va-le*nt* mi-eux qu'un ar-pen*t* de terre. la pro-pre-té est in-dis-pen-sa-ble à la bon-ne san-té. con-ser-vez a-vec so-in le grain des-ti-né aux se-mi*s*. an-toi-ne fa-bri-que de la bon-ne chan-delle de su-if. l'é-lé-phan*t* é-bran-le la terre en mar-chan*t*. un frè-re est un a-mi don-né par la na-tu-re.

QUATRIÈME PARTIE.

---

eur œur our oir air
ail aill aille
eil eill eille
euil euill euille
ouil ouill ouille
ill ille
ien enne
oy ay

---

leur. cœur. peur. sœur.
pour. four. soir. voir. l'air.
lair. bail. taille. taill–eur.
ré–veil. con–seill–é. cor–

beille. o–reille. fau–teuil. la feuille. cueill-ir. fouillé. rouille. que–nouille. fe-nouil. brouill–on. che-nille. bille. tour–bill–on. bien. tien. lien. main-tien. é-ti-enne. la si-enne. enne-mi. ga–renne. an–ti–enne. roy–au–me. ray–on. cray-on. un noy–au.

---

la paille s'em–ploie pour fai-re de la li-ti–è-re au bé-tail. le tra–vail est un de–voir au-quel di-eu luimê-me a sou-mis l'homme. le vaill-ant sol-dat a é-té dé-co-ré sur le champ de ba-taille. un la-boureur ac-tif a tou-jours de plus belles ré-col-tes. le por-tail de l'hô-tel de ville est ma-gni-fi-que. la cou-leur ver-te est la plus ré-pan-due dans la na-tu-re. l'es-poir re-naî-tra a-vec la paix. le taill-eur de la vi-lle m'a fait u-ne belle re-din-go-te neu-ve. l'a-beille ti-re le mi-el de la fleur. la va-peur fait mou-voir beau-coup de ma-chi-nes in-dus-tri-elles. le sou-pi-rail de la ca-ve est fer-mé. l'air est le gaz que nous res-pi-rons. os-car tra-vaille a-vec ar-deur en cla-sse. le fau-cheur a cou-pé un ar-pent de blé dans un jour. le taill-eur de pi-erres a u-ne or-du-re dans l'œil. la lu-mi-è-re du so-leil est é-cla-tan-te. so-phie a ga-gné la jo-lie cor-beille d'or. gus-ta-ve con-du-i-ra nos bes-tiaux à l'a-breu-voir. le som-meil de l'en-fant est tran-qui-lle. phi-li-ppe a mal aux o-reilles. le la-bou-reur ac-tif est à son champ mê-me a-vant le jour, le soir l'y re-trou-ve en-co-re. la peur con-seille mal. res-pec-tez tou-jours la vi-eill-esse. pri-ez di-eu à vo-tre ré-veil. thé-o-phi-le ap-pren-dra u-ne fa-ble par cœur. le fau-teuil de ma grand' mè-re est ren-ver-sé. l'é-cureuil est un pe-tit a-ni-mal très-vif et très-é-veill-é. a-chi-lle a lu le feuille-ton du jour-nal. ma sœur a cueill-i un bou-quet de fleurs dans le par-terre. le vau-tour a dé-vo-ré un a-gneau. le ma-la-de a pris son bouill-on. la pa-trouille a sur-pris un mal-fai-teur. la rouille a gà-té mon cou-teau. le fac-teur ap-por-te cha-que ma-tin le jour-nal de pa-pa. la che-nille est un in-sec-te dé-goû-tant.

le pa-pill-on vo-le de fleur en fleur. le grill-on se ca-che dans l'*h*er-be é-pai-sse. ca-mille est u-ne fille de bon-ne fa-mille. le chien est un a-ni-mal do-mes-ti-que. le gar-dien du châ-teau est par-ti. al-phon-se a u-ne bon-ne chi-enne, la mi-enne est en-co-re meill-eu-re. ju-li-enne a cueill-i un œill-et en pa-ssan*t* dan*s* le jar-din. il fau*t* que je par-vi-enne à ê-tre sa-van-te. mon cray-on mar–que bien noir. au–gus–te a plan–té un noy-au de pê–che dans un co-in de l'en–clos. un ray–on de so–leil ré–jou–it le cœur du pau-vre cap-tif. la roy-au-té est u-ne char-ge pu-bli-que. na-po-lé-on a con-quis plus d'un roy-au-me.

---

le vent sou-ffle a-vec fu-reur. l'em-pe-reur est ai-mé de son peu-ple. nos sol-dats ont rem-por-té la vic–toi–re. no–tre chien a é-tran–glé un lou*p*. le che-vreuil a fran–chi la char–mille. ma sœur a per–du u-ne bou-cle d'o-reille d'or. a-lex-an-dre a fai*t* un gro*s* brouill–on sur son li–vre. la mu-raille est é-crou-lé*e*. l'an-gle-terre est un gran*d* roy–au–me. no*s* trou–pe*s* on*t* tri-om-phé en a-fri-que, en a-mé-ri-que et par-tou*t*. le so-leil é-clai-re la terre. le vo-leur a pris la fu–i–te. la len–tille est un bon lé–

gu-me. l'i-vro-gne ai-me beau-coup le jus de la treille. ma sœur a fi-lé sa que-nouille. le pays a é-té dé-vas-té par la grê-le. beau-coup de bra-ves sol-dats ont é-té bles-sés à la ba-taille, d'au-tres ont pé-ri. le cul-ti-va-teur a ven-du son blé au mar-ché. la terre est cou-verte de feuilles. le prin-temps a é-té fa-vo-ra-ble aux grains et aux fru-its. le tra-vail ma-nu-el, aux champs sur-tout, fait beau–cou*p* de bien à la san–té. en–fan*ts*, rap-pe-lez-vous en–co–re le pro-ver-be su–i–van*t* : « si vou*s* vou–lez de–ve–nir vi-eux, soy–ez ma-ti–neux. » un ray–on de so–leil di-ssi-pe le brouill–ar*d*. la fla–mme brille jusqu'au mi–li–eu de la che–mi–né*e*. il fau*t* a–voir de bon–ne *h*eu–re le goû*t* du tra–vail. pour ê-tre *h*eu-reux, il suf-fi*t* de la bon-ne san-té et du tra-vail. l'or-gueil est un vi-lain dé-faut. un bon cul-ti-va-teur doit ê-tre sa-vant, ac-tif, pru-dent, ob-ser-va-teur ; nul-le pro-fes-si-on in-dus-tri-elle ne ré-cla-me plus de qua-li-tés. la crain-te de di-eu sau-ve de la mort é-ter-nelle. il n'est pas po-ssi-ble d'a-voir u-ne seu-le ver-tu, un vrai ta-lent sans a-mour de la pa-trie. ai-mons l'em-pe-reur qui gou-ver-ne no-tre pays a-vec tant de gran-deur. la pau-vre-té est com-pa-gne de la pa-resse. ni l'or ni la gran–deur ne nous ren-de*nt* *h*eu-reux. bien mal ac-qui*s* ne pro-fi-te ja-mai*s*. l'air, l'eau, la lu–mi-è-re et la cha–leur son*t* in-dis-pen-sa-ble*s* à la san-té. crai-gnez la va-peur du char-bon; elle est mor-telle. l'eau pu-re est la meill-eu-re boi-sson. ne bu-vez ja-mai*s* froi*d* quan*d* vou*s* ê-te*s* en su-eur. taill-ez vo*s* ar-bre*s* et vou*s* au-rez de meill-eur*s* fru-i*ts*.

nous de-vons sou-te-nir nos pa-rents dans leur vi-eill-esse. ai-mez di-eu de tout vo-tre cœur et vo-tre pro-chain com-me vous-mê-mes.

CINQUIÈME PARTIE.

---

mes des tes ses ces les
mes li–vre*s* son*t* per–du*s*.
tes plu–me*s* son*t* du–re*s*.
les feuille*s* des ar–bre*s* son*t*
tom-bé*es*. ces en-fan*ts* son*t*
es-piè-gle*s*. au-gus-te a ter-mi-né ses de–voir*s*.

ç, *c* devant *e*, *é*, *i*.

un ma-çon. sa le–çon. le re–çu. un cou*p*. la fa–çon. le bal-con. le cu-ré. fa-ça-de. ca–pa–ble. sur–fa–ce.

pla–cé. ca–le–çon. pla–ci–de. gar-çon. con-tra-ri-é-té. con-trai-re. ef-fa-cé. tra-ce. ra–ce. ra–ci–ne. a-per-çoi*t*. co–teau. a-ga-çan-te. per-çan-te. a-li-can-te. u-ne pla-ce va-can-te.

---

g devant *e*, *é*, *i*.

il est ar-ri-vé un gra-ve ac-ci-den*t* à la ga-re. eu-gè-ne a bu de la li-mo-na-de ga-zeu-ze. le roy-au-me des ci-eux est pour ceux qui son*t* sa-ge*s* et ver–tu–eux. le sin–ge est très–a–gi–le. la ga–ze est u–ne é–to–ffe lé–gè–re.

---

gu fait *g* devant une voyelle, excepté, par exemple, dans :

ai-gu-ille. va-gue. vo-gue. fi-gue. fa-ti-gue. fa-ti-gué. san-guin. fa-ti-guan*t*. vo-guan*t*. in-tri-gué. le gué. guet-té. guê-tre. re-lé-gua. fa-ti-gua. gui-gne.

---

s entre deux voyelles fait *z*.

l'é-gli-se est la mai-son de di-eu. la ro-se est la fleur qu'on ai-me le mi-eux. la gro-seille et la fram-boi-se son*t* des fru-i*ts* ra-fraî-chi-ssan*ts*. le rai-sin est su-cré. les pe-ti*ts* oi-seaux dé-tru-i-se*nt* les in-sec-te*s* nu-i-si-ble*s*.

---

en fait *in*.

ben-ja-min. ven-dé-en.

ga–li–lé–en. sa-bé-en. moy-en. doy–en.

---

ti fait *ci* dans:

na–ti–on. pu–ni-ti–on. ac-ti-on. é–du–ca–ti–on. por-ti-on. par–ti–a–li–té. pa–ti–en-ce. fa–cé–ti*es*. fac–ti–eux. *etc*.

---

ed et quelquefois *er* font *é*.

un ro–cher. le pi–ed. cher-cher. al–ler. voy–a–ger. man–ger.

RÉCAPITULATION.

la crain–te du sei–gneur est le com–men–ce–ment de la sa–gesse. c'est di–eu qui en–voie les biens, les maux, la vie et la mort, la pau–vre–té et la ri–chesse. ne fai–tes pas aux au–tres ce que vous ne vou–dri–ez pas qu'on vous fît. les con–seils de la vi–eill–esse sont d'un grand pro–fit pour la jeu–nesse. di–eu a po–sé le tra–vail pour sen–ti–nelle à la vertu. ai-mez vo-tre con-di-ti-on. on ga-gne ra-re-men*t* au chan-ge. ce-lu-i qui est fi-dè-le dan*s* les pe-ti-te*s* cho-se*s* l'est au-ssi dan*s* les gran-de*s*. l'or-gueil est le com-men-ce-men*t* de tou-te*s* nos er-reur*s*. la re-con-nai-ssan-ce est la mé-moi-re du cœur. qui fai*t* le bien ne re-dou-te per-son-ne. l'*h*a-bi-tu-de des li-queur*s* for-te*s* est fu-nes-te. ne re-dou-tez po-in*t* les bai*ns* pen-dant la ca-ni-cu-le, c'est la sai-son la plus fa-vo-ra-ble pour les pren-dre. ne mar-chez pas nu-pi-eds sur le car-reau hu-mi-de. le ma-tin, en vous le-vant, la-vez-vous le vi-sa-ge, le cou, les o-reilles, la poi-tri-ne et les bras a-vec de l'eau froi-de. il faut au mo-ins un in-ter-va-lle de trois heures a-près le re-pas pour se bai-gner. les bains trop chauds peu-vent cau-ser de gra-ves ac-ci-dents et même la mor*t*. les pi-ed*s* doi-ve*nt* ê-tre en-tre-te-nu*s* a-vec u-ne ex-trê-me pro-pre-té. la bon-ne san-té dé-pen*d* prin-ci-pa-le-men*t* de la pro-pre-té. quel-que mo-des-te que soi*t* la te-nu*e*, a-vec du lin-ge pro-pre on est tou-jour*s* con-ve-na-ble. te-nez vo*s* vê-te-men*ts* tou-jour*s* pro-pre*s*. la pro-pre-té des *h*a-bi*ts* les con-ser-ve, de mê-me que la pro-pre-té du cor*ps* et de l'*h*a-bi-ta-tion en-tre-tien*t* la san-té.

quand vos vê-te-ments sont mouill-és, rem-pla-cez-les promp-te-ment par des vê-te-ments secs et chau-ffés. gar-dez-vous, tra-vaill-eurs des champs, de boi-re de l'eau des fo-ssés ou des ma-res. ne bu-vez ja-mais très-froid quand vous ê-tes en su-eur; la mort par as-phi-xie peut su-i-vre i-mmé-di-a-te-ment cet-te im-pru-den-ce. pen-dant les gran-des cha-leurs, mê-lez un peu de vi-nai-gre à l'eau qui vou*s* ser*t* de boi–sson. le som–meil est in–dis-pen–sa–ble à l'ex-is-ten-ce. les veille*s* tro*p* pro-lon–gé*es* dé–tru–i–se*nt* la san–té. au–cun re–po*s* ne peu*t* rem–pla–cer ce–lu–i de la nu–i*t*. les so-in*s* *h*y-gi–é–ni–que*s* son*t* au–ssi u–ti-le*s* pour la san–té des a–ni–maux qu'il*s* le son*t* pour la san–té des *h*om-me*s* ; par con-sé-quen*t*, te-nez é–ta-ble*s*, é–cu–ri*es* et ber-ge–ri*es* tou-jour*s* propres; n'y lai-ssez pas s'a-ma-sser la pou-ssi-è-re ni les toi-les d'a-rai-gnées, ni des cho-ses de na-tu-re à cor-rom-pre l'air.

IMPR.

FIN.

Sainte-Ménehould, typ. Duval.

BIBLIOTHEQUE NATIONALE DE FRANCE
3 7531 03327533 1

www.ingramcontent.com/pod-product-compliance
Ingram Content Group UK Ltd.
Pitfield, Milton Keynes, MK11 3LW, UK
UKHW031930260826
14628UKWH00004B/1531

9 782013 093026